Sina Nuêmo

Horoskopdeutung für den Bruder

Sina Nuêmo

Horoskopdeutung für den Bruder

Tatkraft mit Leidenschaft

Goldene Rakete Verlag für Belletristik

Imprint
Any brand names and product names mentioned in this book are subject to trademark, brand or patent protection and are trademarks or registered trademarks of their respective holders. The use of brand names, product names, common names, trade names, product descriptions etc. even without a particular marking in this work is in no way to be construed to mean that such names may be regarded as unrestricted in respect of trademark and brand protection legislation and could thus be used by anyone.

Cover image: www.ingimage.com

Publisher:
Goldene Rakete Verlag für Belletristik
is a trademark of
International Book Market Service Ltd., member of OmniScriptum Publishing Group
17 Meldrum Street, Beau Bassin 71504, Mauritius

Printed at: see last page
ISBN: 978-620-2-44449-1

Inhaltsverzeichnis[1]:

[1] Vgl. Anita Cortesi und V*S, Text, Horoskop und Deutung.

I. Psychologischer Grundtyp

i. Denktyp

Aufgrund Ihres Geburtsbildes sind Sie vorwiegend ein Denktyp, d. h. Sie sind grundsätzlich objektiv, kontaktfreudig und geistig flexibel. Sie schätzen Ihr Denkvermögen und setzen es aktiv ein. In der Welt der Ideen sind Sie zu Hause; vermutlich haben Sie eine Art vorgefasstes Ideensystem, das Sie sich aus Gesprächen, Büchern und eigenen Gedanken aufgebaut haben. Neue Erfahrungen prüfen Sie auf ihre logische Struktur und ordnen sie dann in Ihr System ein. Möchten Sie für alles eine Erklärung? Vielleicht ist es für Sie wichtig, anzuerkennen, dass Sie nicht alles mit dem Verstand begreifen müssen, denn Sie neigen dazu, auch Irrationales wie zum Beispiel Gefühle in Ihr logisches System einordnen zu wollen. Dadurch bleiben Sie in zwischenmenschlichen Belangen oft auf Distanz, ohne es eigentlich zu beabsichtigen. Probleme auf der Gefühlsebene lassen sich kaum allein durch Überlegen lösen. Es fällt Ihnen eher schwer, dies zu akzeptieren und gefühlsmäßig eine Situation zu durchspüren und nicht nur aus emotionaler Distanz darüber zu reflektieren. Ihre persönliche Bildung ist Ihnen wichtig. Sie haben Sinn für Fairness, mögen Kultur und respektieren Strukturen und Systeme. Das Gespräch mit anderen nimmt eine zentrale Stellung in Ihrem Leben ein; Sie betrachten Sprache als eines der wichtigsten Ausdrucksmittel. Dadurch, dass Sie im Gespräch und Kontakt mit Ihren Mitmenschen sind und leidenschaftliche Verstrickungen oder allzu intensive Engagement vermeiden, wirken Sie harmonisch und ausgeglichen.

ii. Der Willenstyp als Lebensaufgabe

Aufgrund Ihres Geburtsbildes dürfte Ihnen der Umgang mit Willen und Spontaneität nicht ganz einfach fallen. Es fehlt Ihnen sozusagen das Werkzeug, um den eigenen Willen kundzutun und sich spontan durchzusetzen. Wie um einen inneren Ausgleich zu schaffen, betreiben Sie eventuell risikoreiche Sportarten oder sind in irgendeinem Bereich Ihres Lebens ein Pionier. Denkbar ist auch, dass Sie mutige, initiative und tatkräftige Menschen, die voller Elan ihre Vorstellungen verwirklichen, bewundern. Unter anderem mögen Spitzensportler zu Ihren Favoriten gehören. Auch die Wahl eines entsprechenden Partners bringt Sie in Kontakt mit diesen Eigenschaften. Feuer und Feuerwerk mag Sie ganz besonders faszinieren oder auch ängstigen. Vermutlich war das innere Bedürfnis, sich spontaner darzustellen, die eigenen Anliegen offen zu vertreten und Vorstellungskraft und Kreativität vermehrt einzubeziehen, auch eine wichtige – unbewusste – Motivation in Ihrer Berufswahl. Indem Sie im Beruf sich für eine Sache oder andere Menschen durchsetzen, üben Sie, auch für sich selber geradezustehen und sich zu zeigen.

II. Erscheinungsbild

i. Ein offenes und kontaktfreudiges Auftreten

Sie wirken kontaktfreudig, anpassungsfähig und redegewandt. Sie sind vielseitig interessiert, was im Übermaß in Flatterhaftigkeit und Oberflächlichkeit ausarten kann. Sie haben das Aushängeschild eines „intellektuellen Typs“ oder „Kulturmenschen“. Das Leben fordert Sie immer wieder auf, Objektivität, Interesse, Flexibilität und die Fähigkeit, Kontakte anzuknüpfen, nicht nur als „Maske“ nach außen zu zeigen, sondern zu Ihren inneren Qualitäten werden zu lassen. Indem Sie gleichsam die Rolle des Offenen und Kontaktfreudigen spielen, formen Sie Ihren Charakter in diese Richtung. Ein tieferes Interesse an den Dingen erwacht. Die Offenheit für alles erschwert einen klaren Standpunkt. Objektivität schließt eine persönliche Stellungnahme aus. So sind Sie zwar – extrem ausgedrückt – überall dabei, doch oft nur mit halbem Herzen. Der freie und fließende Umgang mit Information allein genügt nicht. Er fördert Ihre abstrakte, kühle und unverbindliche Seite. Positiv manifestieren sich diese Eigenschaften, wenn Sie bereit sind, sich auch mit Herz und Gefühl einzulassen, Stellung zu beziehen und das angeeignete Wissen sorgfältig zu handhaben. Sie gehen mit der Offenheit und Neugierde eines Kindes auf die Welt zu und sammeln – eventuell fast wahllos – Informationen. Da Sie vieles interessiert, fällt es Ihnen vermutlich nicht leicht, Schwerpunkte zu setzen. Durch Ihre Objektivität sehen Sie Vor- und Nachteile verschiedener Situationen; und Sie werden eine Entscheidung so lange als möglich offen lassen. Trotzdem müssen Sie irgendwann einmal Stellung beziehen. Dies auf eine Weise zu tun, die Ihnen ebenso wie Ihrer Umwelt wohl bekommt, dürfte sich immer wieder neu als Herausforderung herausstellen.

ii. Ein individualistischer Zug drängt zum Ausdruck

Die Art und Weise, wie Sie auf die Umwelt zugehen, mag Ihnen oft zu strukturiert oder zu zurückhaltend erscheinen. Vermutlich hätten Sie nichts dagegen, sich manchmal unkonventioneller zu zeigen, doch liegt Ihnen diese Rolle nicht so recht. In Ihrem Berufs- oder Privatleben gibt es einen Bereich, wo Sie diese anregende Rolle spielen. Gleichzeitig hindert Sie eine eigenartige Hemmung daran, diesen unsteten Teil jederzeit zum Ausdruck zu bringen.

III. Gesellschaftliche und berufliche Zielvorstellungen

i. Unabhängigkeit, Außergewöhnliches und Teamgeist

Sie zeigen an der Öffentlichkeit vor allem Ihre zukunftsorientierte und unkonventionelle Seite, stehen neuen Ideen offen gegenüber und fördern Zusammenarbeit und persönliche Freiheit. Auch Ihr Berufsleben ist von diesen Qualitäten gefärbt. Vermutlich macht es Ihnen Spaß, in einem Bereich tätig zu sein, der nicht den üblichen Normen entspricht, der mit zukunftsträchtigen Ideen und Forschung zu tun hat oder Ihnen viel Freiheit lässt. Sie legen Wert darauf, im Beruf ein selbständiges Individuum zu sein und nicht einer von vielen. Es dürfte Ihnen wichtig sein, eine Tätigkeit zu finden, die Ihr Wissen und Ihren Einfallsreichtum immer wieder aufs Neue herausfordert. Sie brauchen viel persönlichen Freiraum und die Möglichkeit, eigene Ideen einzubringen. Da Sie vermutlich den Beruf unter anderem auch als sozialen Beitrag an die Gesellschaft betrachten, möchten Sie mit Ihrer Tätigkeit Ihren Teil für ein größeres Kollektiv leisten. Ihre Arbeit soll aus einer umfassenderen Sicht einen sinnvollen Zweck erfüllen.

ii. Beruf und Berufung

Ihre beruflichen Ziele sind fast eher eine Berufung als nur gesellschaftliche Ambitionen. Sie geben sich meist voll ein und strahlen Überzeugungskraft aus. Ihre Persönlichkeit steht hinter einem beruflichen Ziel. Entsprechend viel dürften Sie auch erreichen.

iii. Ein warmes, herzliches Klima im Berufsleben

Eine warme Atmosphäre darf in Ihrem Beruf sowie an jedem Ort, wo Sie Verantwortung tragen, nicht fehlen. Es fällt Ihnen nicht schwer, ein entsprechendes Klima zu schaffen. Sie gehen davon aus, dass Sie in Beruf und Öffentlichkeit in erster Linie Mensch sind und Gefühle Platz haben. So zeigen Sie eine menschliche Note mit Herzlichkeit und Wärme.

iv. Mentale Fähigkeiten im Beruf

Rhetorische und intellektuelle Fähigkeiten verstehen Sie dort anzubringen, wo es um Beruf oder Berufung geht. Sie möchten Ihr Wissen einbringen, neue Informationen sammeln und weitergehen. Austausch im Gespräch, auch im Handel liegen Ihnen.

v. Sinn und Weite im Beruf

In vielem, was Sie tun, schimmert ein begeisternder Funke mit. Der Beruf bietet Ihnen eine Möglichkeit, neue Erfahrungen zu machen und Ihren Horizont zu erweitern. Ihre optimistische Haltung öffnet Ihnen manche Türe.

IV. Wesenskern und Wille

i. In der Vielfalt liegt der Reiz des Lebens

Sie gehen mit offenen Augen durchs Leben. Sie haben die Fähigkeit, Dinge und Situationen objektiv aus einer gewissen Distanz zu betrachten, ohne sich mit allem zu identifizieren. Es fällte Ihnen schwer, sich zu entscheiden. Sie wägen Vor- und Nachteile ab, aber zögern den letzten Schritt hinaus. Ihr Wille möchte gleich einem Schmetterling von Blume zu Blume schaukeln und sich nicht immer gleich für eine Blume entscheiden müssen. Austausch ist für Sie ein Leitmotiv. Sie haben eine Begabung für Vermittlung von Informationen. Journalismus, Gespräche, Wissen, Handel oder Bücher gehören zu Ihrem Leben. Sie mögen das, was man allgemein unter Kultur versteht. Sie sind anpassungsfähig und stellen sich schnell auf neue Situationen ein. Ein gleichförmiger Alltag langweilt Sie bald. Sie übernehmen in einem Gespräch die Gegenposition, damit eine Diskussion zustande kommt. Sie haben Mühe, im Leben eine klare Linie zu finden.

ii. Sich sein und sich zeigen

Das Leben fordert Sie auf, die oben beschriebenen Qualitäten spontan zu zeigen und Ihr Licht nicht unter den Scheffel zu stellen. So treffen Sie auf ein vorwiegend positives Echo, wenn Sie wissen, was Sie wollen, es verstehen, Ihrem Willen Ausdruck zu verleihen, und sich nicht ohne weiteres aus der Fassung bringen lassen. Sie möchten kein Zögern kennen und schwierige Situationen schnell erfassen. Je mehr Sie zu Ihrer Ich-Identität und Selbstsicherheit finden, desto besser können Sie Ihren eigenen Weg gehen, ohne nach der Meinung anderer zu fragen. Dabei dürften Sie immer wieder erleben, dass die Umwelt selbstsicheres Auftreten, Mut und Initiative von Ihnen erwartet. Sie brauchen Ihren „Platz an der Sonne“, eine Stellung, die Ihnen Beachtung einbringt. So ist es wichtig, dass Sie Ihr Tagewerk nicht im verborgenen Kämmerlein verrichten, sondern sich mit all Ihren Stärken und Schwächen zeigen.

iii. Dilemma zwischen Wollen und Handeln

Sie handeln vermutlich oft anders als Sie eigentlich wollen. So nehmen Sie sich etwas vor und stellten fest, dass Sie etwas ganz anderes tun. Es fällt Ihnen schwer, spontane Handlung in den Dienst eines langfristigen Ziels zu stellen. Sie wollen immer gleich aktiv werden, ohne sich Prioritäten zu setzen. Sie neigen dazu, viel zu beginnen, um es dann wieder allen zu lassen, weil Sie doch nicht dahinter stehen können. Auch reagieren Sie manchmal recht heftig auf andere und fühlen sich schnell zur Konfrontation herausgefordert. Wie ein eigenwilliges, unartiges Kind will ein Teil von Ihnen tun, was spontan ein Gefühl von Lebendigkeit vermittelt. Ein anderer Teil übernimmt die Vaterrolle, der das Kind „auf den rechten Weg" bringen will. Dieser Konflikt zeigt sich in einem inneren Dilemma von kurzfristiger Handlung und langfristigem Ziel. Denkbar ist auch ein äußeres Seilziehen zwischen Sohn und Vater, das Sie als Direktbeteiligter oder als Drittperson erleben. Sie werden aufgefordert, langfristiges Lebenskonzept und kurzfristige Durchsetzung in Einklang zu bringen. Sie werden so oft darüber stolpern, bis Sie die Fähigkeit erlangt haben, Ihre Handlung in den Dienst des Willens zu stellen und umgekehrt Ihren Willen spontan in die Tat umzusetzen. Körperliche Betätigung kann Ihnen dabei helfen.

iv. Der Sinn nach Größe

Sie verfügen über Initiative und Optimismus. Ihre tolerante Haltung erleichtert Ihnen vieles. Auf großzügige und unkomplizierte Weise tun Sie das Richtige. Sie überblicken eine Situation ganzheitlich und sehen die Richtung, in die die Dinge führen. Abgesehen von Selbstüberschätzung dürften Ihre Entscheidungen meist richtig sein. Sie sind ein Idealist und wollen sich mit etwas Größerem identifizieren. Firma, Staat oder Weltanschauung sind einige Beispiele, worauf sich Ihre Vorstellungen beziehen könnten. Ihr Bedürfnis nach einer angenehmen und großzügigen Lebensweise kann Sie zu einem Lebenskünstler werden lassen, der sich einschränkende Arbeitsbedingungen stets vom Leibe hält. Sie haben ein großes Bedürfnis nach Anerkennung. Um Beachtung zu finden, übertreiben Sie manchmal ein bisschen. Es gibt viele Möglichkeiten, dies zu tun, beispielsweise eine überhöhte Risikobereitschaft, ein dogmatisches Festhalten an Meinungen und Ideologien oder einfach der Versuch, der Hahn im Korb zu sein. Ihre Tendenz, immer noch mehr zu wollen, kann im Wunschstadium steckenbleiben.

v. Der Anspruch auf eine perfekte Lebensgestaltung

Hatten Sie auch schon den Eindruck, mit sich selber streng zu sein? Sie brauchen viel Sicherheit, um sich zum Ausdruck zu bringen. Es fällt Ihnen schwer, andere um etwas zu bitten. Eigentlich möchten Sie mit Ihren Qualitäten strahlen. Im Inneren droht stets jemand mit erhobenem Zeigefinger: „Schuster, bleib bei deinen Leisten und übertreib nicht!“ Sollten Sie Ihre Grenzen einmal außer Acht lassen, kommt jemand von außen, der Ihnen Grenzen setzt. Die Angst, nicht zu genügen, sitzt Ihnen wie ein böser Geist im Nacken. Ein geringes Selbstbewusstsein und ein innerer Perfektionsanspruch wirken so lange lähmend, bis Sie sich erlauben, ein Mensch mit Fehlern und Schwächen zu sein. Befürchtungen vor dem Versagen hält Sie davon ab, etwas überhaupt zu versuchen. Umgekehrt verpflichten Sie sich für zu vieles, so dass Sie manchmal den Eindruck haben, alle Verantwortung laste auf Ihren Schultern. Ein allzu perfektes Befolgen von Regeln und Prinzipien macht Ihnen das Leben schwer. Sie betrachten das Leben von der ernsten Seite. Spaß und Genuss sind Fremdworte. Wenn Sie nicht gerade arbeiten, brauchen Sie eine Rechtfertigung dafür, denn Sie vertreten die Devise: „Leben, um zu arbeiten!“ Das Bedürfnis nach Sicherheit tötet im Übermaß jede Lebensfreude. Sie neigen zu Auseinandersetzungen mit Autoritätspersonen. Sie wollen selbst eine geachtete Persönlichkeit sein und mögen deshalb nicht, wenn man Ihnen sagt, was Sie zu tun haben. Ihr Wille lehnt sich gegen alles Strukturierte und Verpflichtende auf. Sie erleben Einschränkungen in der Außenwelt, letztendlich findet der Kampf in Ihrem Inneren statt. Möglicherweise nimmt ein autoritärer Partner Ihnen gegenüber die Vaterrolle ein. Dies kann zu einer frustrierenden Erfahrung führen.

vi. Persönliche Freiheit über alles

In einem Teil Ihrer Persönlichkeit möchten Sie Freiheit, Unabhängigkeit und Selbsterkenntnis. So möchten Sie vermutlich viel mehr oder etwas anderes, als in Ihren konkreten Möglichkeiten steht. Diese Spannung äußert sich beispielsweise, wenn Sie sich für etwas engagieren und dabei ein Stück weit Ihre Freiheit aufgeben. Sie fühlen sich eingeengt, ein innerer Rebell meldet sich und reißt Sie vielleicht sogar aus der Situation heraus. Langjährige Verpflichtungen empfinden Sie als lästige Fesseln, die es baldmöglichst abzustreifen gilt. Diese Neigung kann Sie daran hindern, langfristige Ziele anzugehen und das Leben in geordnete Bahnen zu lenken. Sie erleben beispielsweise Stresssituationen, sind ungeduldig oder haben Mühe, sich irgendwo einspannen zu lassen. Sie beginnen Neues, brechen es wieder ab oder krempeln im letzten Moment alles wieder um und sind dabei ziemlich wütend auf sich, weil Sie ja eigentlich bei der Sache bleiben wollen. Oder Sie suchen sich Menschen, die geistige Anregung oder auch Stress und Unruhe in Ihr Leben bringen, die unzuverlässig oder exzentrisch sind und sich einfach nicht an die vorhandenen Normen halten wollen. Eine Beschäftigung mit Computern oder in der Technik bringt Sie der schwerelosen Atmosphäre des Themas auf eine gute Art näher. Wichtig ist, dass Sie sich viel persönlichen Spielraum und einen eigenwilligen Lebensstil zugestehen.

vii. Die Aufforderung, eine starke Persönlichkeit zu entwickeln

Ihr Geburtsbild zeigt symbolisch ein Machtthema auf. Es lässt vermuten, dass Sie eine Bezugsperson Ihrer Kindheit als machtvoll und dominierend erlebt haben. Gemäß diesem Vorbild gehen Sie davon aus, dass es in der Welt Stärkere und Schwächere gibt und dass die Stärkeren Macht und Autorität ausüben und die Fäden in der Hand halten. Es ist auch möglich, dass Sie die Ihnen zustehende Macht teilweise oder ganz an andere Personen abgeben und andere über sich bestimmen lassen. Sie hatten vielleicht negative Kindheitserlebnisse mit Ihrem Vater oder anderen Autoritätspersonen. Aus Angst, auch selbst Ihre Stärke zu missbrauchen, haben Sie Mühe, dazu zu stehen. Sie fühlen sich schnell schwach und ohnmächtig. Da Sie jedoch dieses Machtthema in sich tragen, suchen Sie sich unbewusst immer wieder starke Menschen, um sich an ihnen zu reiben. Das kann zu Abhängigkeit oder Autoritätskonflikten führen. Es besteht auch eine Neigung, die Energie für egoistische Zwecke zu missbrauchen. Werden Sie zum Opfer des eigenen Machthungers, so fällt die Energie wie ein Bumerang auf Sie zurück und stürzt Sie früher oder später vom Sockel des Erfolgs.

viii. Den eigenen Weg finden

Die oberen Abschnitte dürften Sie befremden. Dies sind zwar Teile Ihres Wesens, sie sind Ihnen jedoch nicht einfach in die Wiege gelegt worden. Sie gehören eher zu Ihrem Lebensplan und Ihrer Lebensaufgabe. Die Fähigkeit, sich selbst optimal zum Ausdruck zu bringen, steht Ihnen nicht einfach zur Verfügung, sondern muss in einem lebenslangen Prozess entwickelt werden. Konkret könnte dies bedeuten, dass Sie Mühe haben, zu wissen, was Sie im Leben wollen, beispielsweise sich leicht treiben und von anderen beeinflussen lassen und zwar meinen, einen eigenen Weg zu gehen, jedoch immer wieder feststellen, dass es doch nicht der richtige ist. Wahrscheinlich fällt es Ihnen schwer, Ihren inneren Kern zu spüren und von übernommenen Leitbildern und Vorstellungen zu unterscheiden. Man könnte Ihre Situation mit einem Schiff vergleichen, das ohne Kapitän durch die Meere segelt. Dabei lernt die Besatzung nach und nach, sich zu orientieren, sich Ziele zu setzen, einen eigenen Weg vorzugeben und ein Konzept auszuarbeiten.

V. Gefühle und Temperament

i. Sinnlich und genügsam

Sie sind ein Gemütsmensch. „Leben und leben lassen!“ lautet Ihre Devise. Sie mögen es, in einer vertrauten Umgebung Rhe, Entspannung, ein gutes Essen und ein Glas Wein zu genießen. Sicherheit und Beständigkeit schätzen Sie vermutlich sehr. Sie brauchen eine Art „eigenes Revier“, einen ruhigen Ort, der Ihnen gehört, in den Sie sich zurückziehen und das Leben genießen können. Wenn Sie dies haben, sind Sie zufrieden mit sich und der Welt. Sie reagieren eher langsam und besonnen und sind Neuem gegenüber zurückhaltend. Auch sind Sie zuverlässig und ausdauernd. Ihre Geduld kennt kaum Grenzen. Die andere Seite dieser Eigenschaften ist Trägheit und Bequemlichkeit: und auch dies dürfte bei Ihnen zu finden sein. Sie halten es sehr lange – vielleicht manchmal zu lange – in unbefriedigenden Situationen aus. Irgendwann läuft jedoch auch Ihnen die Galle über, und dann können Sie sehr unangenehm werden. Sie haben etwas von einem gutmütigen Bär, den man lange kraulen und stupfen kann. Wird es ihm jedoch zu bunt, verschafft er sich mit einem einzigen Tatzenschlag Respekt. Sie stehen mit beiden Füßen im Leben und in der Realität. Zur materiellen Welt und zu Ihrem Körper haben Sie einen starken Bezug. Sie schätzen und brauchen Körperkontakt und können vielleicht nicht genug davon bekommen. Sinnlichkeit und Erotik sind Ihnen wichtig. Sie haben eine gute Beobachtungsgabe und sammeln die Eindrücke einer nach dem anderen, ohne sich überfordern oder überschwemmen zu lassen.

ii. Gefühle spiegeln sich im Gesicht

Der emotionale, kindliche Teil Ihres Wesens steht ganz vorne im Schaufenster Ihrer Persönlichkeit. Sie strahlen emotionale Wärme aus. Ob Sie guter oder schlechter Laune sind, steht klar in Ihrem Gesicht geschrieben. Ärger, Angst oder Traurigkeit können Sie nur schlecht verbergen. Die Gefühlswelt ist wie ein kleines Kind, verletzlich und abhängig. Bei Ihnen ist sie ziemlich exponiert. Daher ertragen Sie eine raue, lieblose oder kalte Umgebung schlecht. Da Sie die Zuneigung der Mitmenschen brauchen, passen Sie sich in zahlreichen äußeren Belangen an.

iii. Denken und Fühlen sind fast eins

Verstand und Gefühl sind eng miteinander verbunden. Sie können Gefühle gedanklich erfassen und formulieren. Sie wissen, was Sie gerade brauchen. In emotionalen Bereichen sind Sie rational und vernünftig. Sie haben Mühe, Situationen klar mit dem Verstand zu erfassen, denn das Gefühl „funkt“ Ihnen dauernd dazwischen. Für leblose Materie haben Sie kein Interesse. Sie lernen durch Erfahrung, nicht durch das Studium vieler Bücher. Sie reagieren aus dem Moment und passen sich einer unbekannten Situation an.

VI. Kommunikation und Denken

i. Gründliches, realitätsnahes Denken

Sie sind ein gründlicher, sachlicher Denker. Neuen Ideen begegnen Sie grundsätzlich mit Zurückhaltung. Sie brauchen Zeit, um sie durchzudenken und – vorausgesetzt, diese erweisen sich als realistisch genug – zu assimilieren. Man wird Sie nicht ohne weiteres überreden können. Ihre Interessen und Ideen haben etwas Bodenständig-Realistisches und sind klar definiert. Sie beschränken sich lieber auf wenig, dies dafür gründlich. Möglicherweise schätzen Sie den direkten Kontakt mit Materie und haben handwerkliches Geschick. Sie lernen Neues langsam und gründlich. Auch hier gilt der Grundsatz: weniger ist mehr. Der Wissensstoff wird gleichsam einverleibt und steht Ihnen von nun an zuverlässig zur Verfügung. Im Gespräch brauchen Sie Zeit, um den Gedanken anderer zu folgen und Ihre Antworten zu formulieren. Ob Sie lesen, lernen, ein Gespräch führen oder nachdenken, Sie tun dies gerne in einer ruhigen, harmonischen Atmosphäre. Sie haben die Fähigkeit, Denken, Sprache, Austausch, Handel oder handwerkliche Arbeit genießen zu können.

ii. Klarheit durch Nachdenken und Innenschau

Ihr Denken ist nach innen gerichtet. Sie brauchen Zeit, um für sich allein nachzudenken. Damit Sie Ihr seelisches Gleichgewicht finden, müssen Sie sich an einen ruhigen Ort zurückziehen und eine Art innere Zwiesprache halten. So verarbeiten Sie die Eindrücke der Umwelt und ordnen Ihre Gedanken neu. Sie interessieren sich für Bereiche, die mit der inneren Welt, mit Fantasie zu tun haben. Sie suchen Umgang mit alten, einsamen, kranken und süchtigen Menschen. Sie versetzen sich leicht in die Rolle eines anderen. Dies macht Sie im Gespräch beeinflussbar.

iii. Gute sprachliche Durchsetzung

Sie können gut argumentieren und sich sprachlich durchsetzen. In einem Gespräch nehmen Sie leicht die Gegenposition ein und decken die Unterschiede auf. So sind Diskussionen mit Ihnen meist lebhaft und können auch einmal in Streit ausarten. Bevor Sie etwas tun, denken Sie darüber nach und entwickeln Schlachtpläne. Ihr innerer Dialog ist sehr aktiv; es denkt in Ihnen fast ohne Unterbruch. Im Bereich der Sprache haben Sie gute Fähigkeiten, die in Berufen wie beispielsweise Reporter, Anwalt, Gesprächsleiter oder Verkäufer sehr gefragt sind. Doch auch auf der konkreten Ebene sind Sie beweglich, haben viele Kontakte und sind vermutlich oft unterwegs und auf Reisen.

iv. Segen und Schwierigkeit einer farbigen Fantasie

Sie haben viel Fantasie. Das Denken in Bildern liegt Ihnen mehr als strenge Logik. Sie haben Mühe, Ihre Gedanken klar zu formulieren und fühlen sich unverstanden. Es fällt Ihnen schwer, Bilder in lineare Sprache zu übersetzen. Mit dem Erlernen des Sprechens haben Sie die Erfahrung gemacht, dass Erwachsene eine klare, strukturierte Sprache wünschten. Sie gaben sich Mühe, um sich vernünftig auszudrücken, und steckten viel von Ihrer Fantasie weg. Sie lassen sich Sand in die Augen streuen und zu etwas überreden, das Sie eigentlich gar nicht wollen. Es ist schwierig, Realität und Illusion zu unterscheiden und sich an nackte Tatsachen zu halten. Sie möchten gerne an Wunder glauben und werden dadurch anfällig für Täuschungen. Vielleicht denken Sie manchmal, die ganze Welt habe es darauf abgesehen, Sie zu betrügen. Doch hängt dies weitgehend damit zusammen, dass Sie die Wirklichkeit idealisieren, viel zu viel erwarten und dann enttäuscht sind, wenn Sie durch eine harte Erfahrung auf den Boden geholt werden. Jede Illusion, die wie eine Seifenblase platzt, ist ein Hinweis, dass Sie Ihre Fantasie in ungeeigneten Kanälen ausleben und zu sehr mit der Realität vermischen. Sie haben das Potential, zu spüren, was in anderen vorgeht, und Stimmungen aufzunehmen. Auch können Sie sich gut in andere hineindenken. Um nicht äußerst beeinflussbar zu sein, ist ein stabiler Halt in sich selbst notwendig. Es kann für Sie wichtig sein, Entscheidungen allein im stillen Kämmerlein zu fällen und beispielsweise keine Verträge in Anwesenheit anderer zu unterschreiben, da Sie sich nur schwer vom Einfluss anderer Menschen abgrenzen können.

VII. Beziehung und Ästhetik

i. Harmonie liegt in allem Offenen, Hellen und Leichten

Sie sind kontaktfreudig und spontan und haben einen großen Bekanntenkreis. Sie verfügen über Toleranz und nehmen die Menschen, wie sie sind. Ihr kultiviertes Wesen und Ihre Wendigkeit erleichtert Ihnen vieles. Einem Flirt sind Sie selten abgeneigt. Die Entscheidung einer ernsthaften Partnerwahl fällt Ihnen eher schwer. Sie halten sich möglichst lange möglichst viele Wege offen. Leidenschaft und emotionale Verstrickungen schätzen Sie nicht. Partnerschaft heißt für Sie Kameradschaft. Der Partner soll ein guter Freund sein, mit dem man über alles reden kann. Sie schätzen ein offenes, kollegiales Klima in der Beziehung. Gespräche und gemeinsame Interessen sind Ihnen wichtig. Sie sind anpassungsfähig, flexibel und objektiv und erwarten dasselbe von jedem anderen. Schönheit ist für Sie mit Kultur verknüpft. Sprache empfinden Sie als schön. Sie genießen das Spiel mit Worten, knüpfen mit freundlichen Bemerkungen Kontakt. Der Inhalt mag belanglos sein, doch baut Ihre Kommunikation Brücken. Sie bevorzugen alles Helle, Leichte und Schwungvolle.

ii. Ich bin ich – Wer bist Du?

Ihre Qualitäten zeigen Sie gern. Sie sind kontaktfreudig und stehen zu Ihren Beziehungen. Heimlichkeiten schätzen Sie nicht. Wenn Sie jemanden mögen, möchten Sie dies direkt zum Ausdruck bringen. Sie haben das Bedürfnis, überall sogleich für Frieden und Harmonie einzutreten. Sie strahlen eine Bereitschaft aus, auf den anderen zuzugehen. Ihr taktvolles und diplomatisches Wesen verhilft Ihnen zu großer Beliebtheit. Sie brauchen Anerkennung. Dies mag Sie dazu verleiten, sich zu sehr anzupassen oder auf Heucheleien hereinzufallen. Schönheit dürfte Ihnen wichtig sein; Sie möchten dies auch nach außen zeigen, beispielsweise durch entsprechende Kleidung und Auftreten. Der Typ Frau, der Sie fasziniert, verkörpert eine erfrischende Direktheit und Spontanität. Ihnen gefallen vermutlich aktive und durchsetzungsfähige Frauen, die etwas Amazonenhaftes ausstrahlen.

iii. Im Spannungsfeld von Nähe und Durchsetzung

Der Wunsch nach Harmonie steht im Gegensatz zu Ihrem Durchsetzungswillen. Grundsätzlich erleben Sie Nähe und Durchsetzung als zwei gegensätzliche Pole, die nur schwer vereinbar sind. Wenn Sie viel Nähe erfahren, wird es Ihnen zu eng, und Sie fühlen sich Ihrer Freiheit beraubt. Setzen Sie sich durch und gehen Ihren eigenen Weg, vermissen Sie schmerzlich eine harmonische Zweierbeziehung. Vielleicht pendeln Sie zwischen den beiden Extremen hin und her. Als Mann liegt Ihnen naturgemäß der Durchsetzungspol mehr. Es ist deshalb leicht möglich, dass Sie sich ganz mit dieser Seite identifizieren und sich eine nette, anschmiegsame Partnerin suchen, die den Harmoniepol für Sie lebt. Das Bedürfnis, geliebt zu werden, lässt sich nicht ohne weiteres mit Ihren sexuellen Wünschen vereinen. Eine mögliche Lösung wäre, dass Sie neben einer Liebesbeziehung sexuelle Beziehungen zu anderen Partnern pflegen. Macht Ihnen ein sexuelles Abenteuer Spaß? Sie legen Gewicht auf den sexuellen und körperlichen Aspekt. Eine echte Zweisamkeit wird Ihnen leicht zu viel. Sie missbrauchen Sexualität, um den eigenen Gefühlen auszuweichen. Sie benötigen in einer Beziehung viel Freiraum. Vielleicht brauchen Sie eine eigene Wohnung oder zumindest ein eigenes Zimmer. Auch sollten Sie nicht alles zusammen mit dem Partner machen wollen, sondern einen privaten Bereich für sich behalten, indem Sie beispielsweise allein oder mit Freunden etwas unternehmen oder im Arbeitsbereich völlig unabhängig von Ihrer Partnerschaft sind.

iv. Der Anspruch auf perfekte Partnerschaft

Ihre innere Instanz verlangt von Ihnen, dass eine Partnerschaft sicher, perfekt und den gesellschaftlichen Normen entsprechend sein soll. Ihre Eltern haben Ihnen in Ihrer Kindheit zu verstehen gegeben, dass Sie nicht um Ihrer selbst willen geschätzt werden, sondern für ein folgsames und perfektes Verhalten. Liebe ist an Bedingungen geknüpft. Sie müssen diese und jene Forderung erfüllen, um ihre Liebe zu „verdienen". Diese äußeren Formen haben Sie verinnerlicht und verlangen nun von sich, das Leben erst genießen zu dürfen, wenn Sie eine Palette von Bedingungen erfüllt haben. Aus diesem Grund sind Sie eher konservativ eingestellt. Sie sind darauf bedacht, Sicherheit und Stabilität zu erlangen. Tauchen Schwierigkeiten auf, erdulden Sie diese lange stillschweigend. Sie laufen nicht ohne weiteres davon oder holen sich Hilfe bei Drittpersonen. Als Mann neigen Sie dazu, Elternfunktion für Ihre Partnerin zu übernehmen. Dies führt zu Autoritätskonflikten oder zu Abkühlung bis hin zu einer Versteinerung. Ihre Vorstellung der Idealfrau beinhaltet eine würdevolle und ernsthafte Note. Sie dürften von Frauen fasziniert sein, die sich zu kleiden und zu benehmen wissen und in der Gesellschaft fest verankert sind. Eine gewisse Seriosität wissen Sie zu schätzen.

v. Wie viel Intensität erträgt eine Beziehung?

Oberflächliche Beziehungen sprechen Sie nicht an; Sie suchen Intensität und Leidenschaft. Machtspiele schleichen sich leicht ein. Ein Partner isst der stärkere, ein Kräftegleichgewicht mit gegenseitigem Vertrauen ist für Sie ungewohnt und schwer zu erreichen. Als Kind fühlen Sie sich verlassen und nicht angenommen. Sie wurden gezwungen, immer alles aufzuessen und hatten ein negatives Beziehungserlebnis. Was faszinierend war und Lust bereitete, wurde verboten. Sie halten sich an diese Tabugrenzen. Ihre Ausstrahlung wirkt auf Menschen anziehen, die nicht gewillt sind, sich an diese Grenzen zu halten. Sie finden sich mit Partnern zusammen, die Sie herausfordern, eventuell auch zu beherrschen versuchen. Das Thema von Macht und Kontrolle sitzt zutiefst in Ihnen. Sie reagieren mit Seilziehen, Ränkespielen oder Eifersucht und sorgen für aufwühlende Intensität. Die Frage, wer das Geld verwaltet, ist Beispiel für subtiles Kräftemessen. Auch ist denkbar, dass der Mann mit Geschenken die sexuelle Bereitschaft der Frau erkauft. Eine ungewisse Angst, den Partner zu verlieren, veranlasst Sie, viel für ihn zu tun. Gemäß dem Motto „Alles hat seinen Preis“ glauben Sie beweisen zu müssen, dass Sie die Liebe wert sind. Im Bereich Sexualität ist ein subtiles Machtspiel wahrscheinlich. Ihr Bedürfnis nach aufwühlenden Beziehungen lässt Sie Schwerbehinderte, psychisch Kranke oder Sterbende auf ihrem Weg begleiten. Lebt eine Partnerin die Eigenschaften aus, fühlen Sie sich manipuliert und ausgenützt.

vi. Die Aufgabe, Harmonie zu erschaffen

Pflegen Sie regelmäßige Kontakte mit anderen. Sie können andere nur wirklich akzeptieren, wenn Sie auch sich selbst akzeptieren. Das Gebot „Liebe deinen Nächsten wie dich selbst!“ bekommt eine ganz andere Bedeutung. Erst ein gesundes Selbstwertgefühl ermöglicht es Ihnen, genießen zu können. Gönnen Sie sich eine Massage, einen Theaterbesuch, etwas Schönes zum Anziehen oder etwas Gutes zum Essen. Auch eine hobbymäßige Beschäftigung mit Bereichen der Kunst, Ästhetik, Mode, Schönheit, Frauenthemen oder Partnerschaft kann zur Zufriedenheit beitragen.

VIII. Handlung und Durchsetzung

i. Optimaler Kräfteeinsatz

Sie handeln überlegt, gründlich und zuverlässig und haben Fähigkeiten, mit Materie umzugehen. In jedem Fall wollen Sie Konkretes, Materielles „in die Hände nehmen“ und etwas daraus machen. Verschwendung liegt Ihnen nicht. So handeln Sie kaum, ohne vorher zu überlegen. Das gibt Ihnen ein solides Fundament, nimmt Ihnen auch viel von Ihrer Spontanität. Sie können pedantisch und kleinlich werden. Scheitern Sie, liegt die Ursache in zu großer Pedanterie und Ängstlichkeit. Sie haben einen guten Bezug zur Männlichkeit, zum Körper und zur Sexualität. Mit großer Selbstverständlichkeit nehmen Sie Ihre Bedürfnisse wahr und sorgen für deren Befriedigung.

ii. Kreative Einsätze sind gefragt

Sie sind wettbewerbsfreudig und spontan oder würden es gerne sein. Ihre Kraft und Handlungsfähigkeit möchten Sie zeigen. Sie lieben das Spiel. Ihre Arbeit hat für Sie etwas Spielerisches. Sie gehen mit beachtlicher Risikobereitschaft an eine Situation heran. Sich bewegen, handeln, etwas bewirken, gibt Ihnen ein Gefühl der Lebendigkeit. Sie sind stolz auf das, was Sie erreichen und zum Ausdruck bringen und würden es mit Freude auf einer Bühne vorzeigen. Ein Teil von Ihnen hat viel mit einem abenteuerlustigen und verspielten Lausbuben gemein. Sie mögen es, mit anderen zu wetteifern.

iii. Mit Vollgas voran

Sie wollen Ihre eigenen Wege gehen. Manchmal haben Sie den Eindruck, nicht ernst genommen zu werden. Um sich Beachtung und Gehör zu verschaffen, übertreiben Sie ein bisschen. Wenn Ihnen dies nicht im ersten Anlauf gelingt, reagieren Sie übermäßig, indem Sie alles hinwerfen oder aufs Ganze gehen. Sind Sie von etwas überzeugt, zögern Sie kaum, Hindernisse aus dem Weg zu räumen, oft auf Kosten anderer. Mitmenschen werden überfahren, ohne es vielleicht zu bemerken. Sie haben die Vitalität eines Cowboys. Sie müssen Ihre Maßlosigkeit und Selbstüberschätzung in gemäßigte Bahnen lenken. Ihnen gefällt ein Mann, der sich lieber zu viel als zu wenig zutraut.

iv. Handlungsimpuls und Verantwortungsbewusstsein

Wenn Sie etwas tun, wollen Sie es korrekt tun. Sie sind gründlich, zielstrebig, ausdauernd und zu harter Arbeit fähig. Sie brauchen Struktur und Verantwortung. Wenn nötig, sorgen Sie konsequent für Disziplin und Ordnung. Ihr Anspruch an das, was Sie tun, ist enorm hoch. Sie könnten versuchen, mit sich selber ein bisschen weniger streng zu sein, sich ein paar Fehler zu erlauben. Sie haben vermutlich eine recht klare Vorstellung, was die Gesellschaft von Ihnen erwartet, was „man sollte", und Sie arbeiten hart dafür. Was tun Sie, weil „man" es so wünscht? Es gilt, eine innere Versöhnung zwischen „Vollgas" und „Bremse" zu erreichen. Falls Sie grundsätzlich konfliktfreudig sind, schlagen Sie sich im Spannungsfeld zwischen Impuls zum Handeln und der strengen Forderung nach Verantwortung und Perfektion eher auf die tatkräftige Seite. Sie sind dann übermäßig aktiv und draufgängerisch und erleben es immer wieder, dass man Sie bremst. Beispielsweise verwehrt man Ihnen den beruflichen Aufstieg, oder Sie werden für Verkehrssünden zur Rechenschaft gezogen. Auch hier gilt es, eine innere Versöhnung zwischen „Vollgas" und „Bremse" zu erreichen, so dass Sie mit Verantwortungsbewusstsein handeln und Ihren Willen zum Ausdruck bringen können. Dann sind Sie zu außerordentlichen Leistungen fähig.

v. Experimentierfreude und Tatendrang

Sie wollen in Ihren Aktivitäten unabhängig sein. Abwechslung, Aufregung und unvorhergesehene Ereignisse lassen Sie erst so richtig lebendig werden. Solche Situationen wecken Ihre Gabe, rasch und sicher neue Lösungen aufzuzeigen. Sie sind erfinderisch und probieren auch ungewohnte Wege aus. In Gefahr zeigen Sie große Geistesgegenwart. Experimentierfreude und Improvisationstalent sind Fähigkeiten, die Sie vor allem in der Bewältigung unvorhergesehener Situationen auszeichnen. Ein Beruf mit großer persönlicher Freiheit ist für Sie wichtig. Alltagsroutine ertragen Sie schlecht. Genau absehbare tägliche Pflichten langweilen und lähmen Sie. Sie wollen Freiraum. Wenn keine anderen Charakterzüge dagegen sprechen, so bringen Sie nur schwer Selbstdisziplin auf. Sie arbeiten bevorzugt unter Zeitdruck; dann sind Sie flink und kreativ. So lange Sie die Sache im Griff haben, mögen Sie Stresssituationen. Möglicherweise reagieren Sie auf langsamere Menschen ungeduldig und gereizt. Eine innere Unruhe und Ungeduld lässt Sie von einer Aktivität zur nächsten eilen. Ein Teil von Ihnen will im Schnellzugstempo durchs Leben rasen und kann sich nur mit Mühe damit abfinden, dass es Zeit braucht, um Ideen in die Realität umzusetzen. Falls Stress und Ungeduld für Sie zum Problem werden, ist zusätzlich zu einer beruflichen Arbeit mit großem persönlichem Spielraum eine sportliche Betätigung zu empfehlen, bei der Schnelligkeit eine Rolle spielt. Wenn Sie zu wenig Gelegenheit haben, auf irgendeiner Ebene das Gefühl von hoher Geschwindigkeit zu erleben, kann diese Seite Ihrer Persönlichkeit leicht durchbrennen, und Sie rasen dann schneller die Skipiste hinunter oder drücken beim Autofahren mehr aufs Gaspedal, als Sie eigentlich beabsichtigen. Auch in der Sexualität haben Sie eine Vorliebe für spontane Eroberungen und viel Abwechslung.

vi. Durchsetzung mit Einfühlungsvermögen

Wenn Sie etwas tun, identifizieren Sie sich gleichzeitig mit der Umwelt. Sie versetzen sich unwillkürlich in die Menschen ringsum und spüren sozusagen die Reaktionen der anderen auf Ihre Aktivitäten. Es fällt Ihnen schwer, den eigenen Willen durchzusetzen, denn Sie spüren es gleich, wie Sie den anderen dabei „auf die Füße trampeln“. Möglicherweise haben Sie als Kind bemerkt, dass es einfacher ist, die einfühlsame Regung mit Härte zu überspielen. Dann können Sie sich durchsetzen, haben aber die Fähigkeit, die Reaktion im anderen wahrzunehmen, verloren. Sie können sich vermutlich besser für andere durchsetzen als für sich selber. Sie tun dies vielleicht, indem Sie für Schwächere einstehen und tatkräftig Hilfe leisten. Ihre Sensibilität macht Sie beeinflussbar. Sie agieren aus, was in anderen latent vorhanden ist. Wenn Sie sich beispielsweise unter Leuten befinden, die ärgerlich sind, es aber nicht zeigen, spüren Sie dies, werden selbst ohne äußeren Grund gereizt und drücken den Ärger eventuell lautstark aus, obwohl es nicht „Ihr“ Ärger ist. Sie werden ganz einfach davon angesteckt. Je mehr Halt und Sicherheit Sie in sich gefunden haben, desto mehr gibt Ihnen dieses Einfühlungsvermögen die Fähigkeit, auf die inneren Regungen anderer zu reagieren und sie handelnd auszudrücken. Sie können dabei eine Begabung als gute Berater entwickeln.

vii. Tatkraft mit Leidenschaft

In Ihnen schlummert ein enormes Energiepotential. Sie geben sich sanft und liebenswürdig. Kaum jemand wird Sie als aggressiv bezeichnen. Sie fühlen sich oft energielos und „ausgebrannt“. Vielleicht spüren Sie, wie es manchmal in Ihnen brodelt; aber Sie wagen es kaum, den Vulkan ausbrechen zu lassen, aus Angst, die Kontrolle zu verlieren. Trotz ausgebrochener Sanftheit strahlen Sie etwas von dieser ungelebten Energie aus. Aus diesem Grund dürften Sie außergewöhnlich oft mit Gewalt und Machtmissbrauch, auch im sexuellen Bereich, konfrontiert werden. Solche Erfahrungen können sehr erschreckend und schmerzhaft sein. Sie sind jedoch als Aufforderung zu verstehen, das eigene Zerstörungspotential und die eigene Zwanghaftigkeit zu überwinden, auch wenn sie sich nicht immer so zeigen, wie Sie es vielleicht gerne hätten. Ihre Aktivitäten haben etwas Leidenschaftliches und manchmal auch Zwanghaftes oder Zerstörerisches, das es zu akzeptieren und in geeignete Bahnen zu lenken gilt. Sie können ziemlich hart zu sicher selber und zu anderen, ehrgeizig, kompromisslos und belastbar sein und ein Projekt mit eiserner Härte durchziehen. Weniger angenehm – vor allem für die Umwelt – ist eine damit einhergehende Rücksichtslosigkeit, großer Ehrgeiz und ein fast zwanghaftes Kontrollbedürfnis. Es gilt, nicht nur die Ellenbogen einzusetzen, sondern die Kraft zu lenken. Wenn Sie entgegen Ihrer Tendenz, eigene Fehler sorgfältig zu verbergen, doch einmal zu Ihren Schwächen stehen, kann sich dies als Segen für Sie erweisen. Sie wollen aufs Ganze gehen, in der Arbeit wie in der Sexualität.

viii. Durch Handeln abgelenkt

Auf Ihrem Weg kann Sie vieles hindern. Tatkraft und Lust zur Durchsetzung halten Sie von wichtigeren Dingen ab. Sie finden auf dem Weg immer wieder Gaststätten, die zum Verweilen einladen und Sie davon abhalten, Ihr Ziel zu erreichen. Die Absicht, dies oder jenes zu tun, beeinflusst sie ähnlich wie eine Gaststätte. Sie werden hier aktiv, haben dort etwas zu tun und stellen im Nachhinein fest, vom eigentlichen Weg recht weit abgekommen zu sein.

IX. Die Suche nach Sinn und Wachstum

i. Geistig-intellektuelle Suche nach dem Sinn des Lebens

Sie sehen den Sinn des Lebens im Wissen. Mit Aus- und Weiterbildungen sowie im fortwährenden Gedankenaustausch finden Sie geistige Nahrung. Sie empfinden Informationen als etwas Erhebendes. Sie suchen auf sachliche Art nach dem Sinn des Lebens. Neue Weltanschauungen prüfen Sie mit dem Verstand, lesen ein Buch zum Thema und tauschen sich aus. Nur was Ihnen logisch erscheint, findet Einlass in Ihr Weltbild.

ii. Die Bedeutung der eigenen Entscheidung

Es ist für Sie von Bedeutung, wie Sie sich der Umwelt zeigen. Sie experimentierten von Kindheit an optimistisch mit der Nahtstelle zwischen Ich und Umwelt, daher ist Ihr Auftreten selbstbewusst und sicher. Sie mögen es, vor der Welt großzügig und unternehmungslustig zu erscheinen. Es liegt Ihnen daran, anderen ein positives Bild von sich zu vermitteln. Ihr joviales Auftreten kann Großspurigkeit recht nahe kommen. Sie sind voller Tatendrang. Ein Leben ohne Herausforderung ist für Sie wie eine Suppe ohne Salz. Sie lieben das Risiko. Vielleicht sind Sie manchmal zu optimistisch und schätzen das Risiko zu wenig ab. Auch neigen Sie zum Übertreiben. So könnte sich ein von Ihnen geplantes Vorhaben als Kartenhaus herausstellen und Sie dann vor einem Nichts stehen. Sie neigen dazu, sich zu viel vorzunehmen. Möglicherweise verlieren Sie die Lust, ein begonnenes Unternehmen zu Ende zu führen, weil schon wieder etwas Neues vor der Türe steht.

iii. Ideale und Wirklichkeit

Die Realität und Ihre Vorstellungen, was das Leben bieten könnte, sind nur schwer vereinbar. Es bereitet Ihnen Schwierigkeiten, Ihre Vorstellungen realistisch einzuschätzen. Vorsicht und Expansionsdrang hemmen sich gegenseitig. Als sachlicher Typ neigen Sie dazu, ein banales Leben mit sicherem und regelmäßigem Einkommen vorzuziehen. Dabei wird die Sinnfrage mit den Jahren immer drängender. Als Optimist leben Sie eher von der Hand in den Mund und warten auf das große Glück, ohne Disziplin aufzubringen. Gleichzeitig stoßen Sie auf unangenehme Art mit Menschen zusammen, die Autorität, Pflichtbewusstsein und Zielstrebigkeit an den Tag legen und Sie vielleicht sogar angreifen und kritisieren. Es ist wichtig, die eigenen Zweifel zu akzeptieren. Damit die Vorstellungen nicht Luftschlösser bleiben, müssen sie durchdacht werden.

iv. Der Wunsch, alles Schwere abzustreifen

Manchmal mag eine Stimme Ihnen zuflüstern, warum Sie nicht einfach die Fesseln des gewohnten Alltagslebens abstreifen, davonfliegen und alle Grenzen sprengen. Etwas in Ihrer Persönlichkeit wehrt sich gegen ein gesetztes Leben und gegen jede Art von Einschränkung. Es verleiht Ihnen einen Schuss Abenteuerlust, Originalität, unkonventionelle Ideen und eine gewisse Überheblichkeit, denn es kennt keine Rücksicht auf persönliche Motive und Gefühle. Wenn dieser Teil in Ihnen zum Zuge kommt, dann wagen Sie im übertragenen Sinn – oder vielleicht auch im ganz konkreten – einen Fallschirmsprung. Zumindest für kurze Zeit heben Sie die üblichen Beschränkungen auf und genießen einen Blick aus höherer Warte. Sie können voller Begeisterung eine Idee anpacken, neigen jedoch dazu, Vernunft und Sachlichkeit in gewissen Momenten leichtfertig über Bord zu werfen. Vor allem wenn Sie dem nach Freiheit hungernden Individualisten in sich zu wenig Raum geben, können schon einmal die Sicherungen durchbrennen. Verfügen Sie über positive Ausdruckskanäle, so gewinnen Sie viel Lebensfreude aus solchen Höhenflügen. Der Überblick aus höherer Warte lässt Sie den Lebenssinn hinterfragen und die Relativität einer Ansicht erkennen. Für zukünftige Möglichkeiten haben Sie eine gute Nase. Auch neigen Sie zu ungewöhnlichen Interessen. Ihr starkes Bedürfnis nach Expansion und Weite zeigt sich in allen Lebenslagen.

v. Das Leben ausschöpfen

In Ihnen schlummert – mehr oder weniger verborgen – eine geballte Kraft. Sie strebt nach dem Größten und kann ziemlich maßlos sein. Sie will das Leben voll ausschöpfen und sucht leidenschaftlich nach einem Sinn. Sie hinterfragt jede Weltanschauung und lässt Sie nie ganz zur Ruhe kommen. Religion und kirchliche Institutionen fordern immer wieder Ihre Aufmerksamkeit, beispielsweise indem Sie sich an den Dogmen und der Macht der Kirche stoßen. Sie setzen sich gegen Ungerechtigkeiten zur Wehr und sind nicht weit von Fanatismus entfernt. Es ist wichtig, dass Sie diesen inneren Dämon akzeptieren.

vi. Die Aufgabe, zu wachsen

Die vorhergehende Beschreibung befremdet Sie wahrscheinlich. Vermutlich hatten Sie als Kind häufig Kontakt mit Menschen, die obenstehende Eigenschaften verkörperten, z. B. Eltern oder Lehrer. Auch als Erwachsener sind Ihnen Eigenschaften wie Sinn für Zusammenhänge, Toleranz und positive Weltsicht eher fremd, und Sie erleben diese durch andere. Reisen und Kontakte mit fremden Kulturen verhelfen Ihnen dazu, Verständnis für andere Lebensformen zu entwickeln. Eine Auseinandersetzung mit Religion, philosophischen und weltanschaulichen Fragen bringt Sie dem Sinn des Lebens näher.

X. Die Suche nach Struktur und Ordnung

i. Die Pflicht, Hingabe mit Maß zu üben

Die Zeichenstellung symbolisiert eine Herausforderung, sich weder von Stimmungen und Sehnsüchten treiben zu lassen, noch diese konsequent aus dem eigenen Leben zu verbannen. Alles Irrationale und Traumhafte bedeutet für Sie Unsicherheit und Gefahr, von einem soliden Leben abzukommen. Ihre Reaktion darauf kann Hilfsbereitschaft sein, solchen Menschen Unterstützung zukommen zu lassen.

ii. Forderung nach einem perfekten Einsatz in der Gruppe

Ihr Pflichtbewusstsein in Gruppen und unter Freunden ist erheblich. Sie haben den Anspruch, etwas Besonderes zu bieten oder besonders perfekt zu sein und bemühen sich, dieses Ziel zu erreichen. Sie wollen in der Gemeinschaft aufgenommen und akzeptiert sein und befürchten sehr schnell, Ihre Unabhängigkeit zu verlieren. Sie fühlen Sich in Gruppen nicht ohne Weiteres dazugehörend und tun vieles, um anerkannt zu werden. Sie mögen nicht, wenn man Ihnen Beachtung schenkt, weil Sie den Anforderungen anderer nicht zu genügen scheinen. Es geht um die Grundhaltung, mehr in die Gruppe einbringen zu müssen. Sie fordern von sich sehr viel Einsatz und neigen dazu, sich zu überfordern. Ihre Umwelt schätzt Sie mit Ihren strukturierten Qualitäten. Gegenseitige Toleranz vermittelt Ihnen viel Kraft, Sie können ein wichtiges Mitglied jeder Gruppe sein.

iii. Zwischen Tradition und Fortschritt

Einerseits haben Sie das Bedürfnis nach einem sicheren, strukturierten Leben, andererseits ein Verlangen nach der Entwicklung der eigenen Individualität. Sie sehen den Wert des Altbewährten und gleichzeitig die Möglichkeiten, die die Zukunft in sich trägt. Obwohl Sie damit zwischen Gegensätzen stehen, treffen Sie meist eine gute Wahl, verändern, was der Veränderung bedarf, und bewahren, was dem Leben Stabilität und Sicherheit verleiht. Sie haben ein starkes Bedürfnis, Altes mit Neuem zu verbinden. Ihre angeborene Fähigkeit, beides zu respektieren, ermöglicht es Ihnen, bahnbrechend zu wirken. Sie haben ein feines Unterscheidungsvermögen zwischen dem, was alt und überholt ist, und demjenigen, was Bestand hat. Mit Geschick und Fingerspitzengefühl finden Sie den Mittelweg zwischen Tradition und Fortschritt.

iv. Zwischen Traum und Wirklichkeit

Möglicherweise erleben Sie sich als „Gast“ auf dieser Welt. Die Aufgabe, mit dem Alltag zu recht zu kommen, mutet Ihnen vielleicht manchmal seltsam an. Sie stehen mit einem Fuß in der Realität und mit dem anderen in einer irrealen Welt, und Sie sind nie ganz sicher, ob Ihnen nicht gleich der Boden unter den Füßen weggezogen wird. Der grenzauflösende Zug in Ihrer Persönlichkeit verlangt eine Auseinandersetzung mit dem, was jenseits der Realität liegt. Das Irreale, Unfassbare und nicht Bodenständige kann zum Beispiel durch Religion, Meditation, Musik, Helfen, Sucht, einem Wassersport oder anderweitigem Umgang mit Wasser erlebt werden. Vielleicht fühlen Sie sich verpflichtet, anderen zu helfen. Es ist sogar möglich, dass Hilfsbedürftige beträchtlich über Ihre Zeit verfügen, und Sie sich fast schuldig fühlen, wenn Sie jemandem etwas abschlagen und dafür etwas für sich selber tun. Helfen in einem ausgeglichenen Maß festigt Ihre innere Sicherheit und Stabilität. Im Übermaß können Sie sehr darunter leiden. Wenn Sie grundsätzlich sehr realitätsbezogen sind, ist es denkbar, dass Sie mit großer Anstrengung versuchen, das Irrationale und Unfassbare aus Ihrem Leben auszuschließen. Sie erleben es dann vermutlich durch einen entsprechenden Partner oder selber in Form einer Sucht. Auch ein Pendeln zwischen strukturierter Arbeit und Alkohol am Feierabend ist denkbar. Letztlich geht es immer um ein Zusammentreffen zweier Welten. Sie werden aufgefordert, den Umgang sowohl mit der Realität wie mit der inneren Traum- und Bilderwelt zu üben und mit der Zeit eine Verbindung zu schaffen.

v. Sicherheit aus dem Dunklen schöpfen

Haben Sie schlechte Erfahrungen mit Autoritätspersonen gemacht? Zum Beispiel als Kind mit Eltern oder Lehrern und später mit Vorgesetzten, Ärzten, Beamten oder Polizei? Sie lehnen patriarchalische und autoritäre Formen ab, gehen instinktivem Triebverhalten aus dem Weg und sind doch auf eine eigenartige Weise fasziniert davon. Sie wollen nicht von autoritären Personen angetrieben oder kontrolliert werden. Sorgfältig beachten Sie Ihr Verhalten, um keine Schwachstelle zu zeigen. Fast könnte man sagen, Sie hätten Angst vor der destruktiven Macht der Außenwelt. Sich nicht in eine Gruppe integrieren wollen, Außenseiterpositionen, Platzangst oder ein mulmiges Gefühl in großen Menschenmengen sind ein paar konkrete Beispiele dafür. Dieses Dunkle, das Sie in der Außenwelt ahnen, spiegelt Ihre eigene emotionale Tiefe wider. Es ist schwierig, diese dunkle und auch wilde und instinkthafte Seite zu akzeptieren, ohne ins andere Extrem zu gehen und nur noch „Schwarz“ zu sehen, denn vermutlich ist Ihnen eine Neigung zum Pessimisten nicht abzusprechen. Wenn Sie diesen Mittelweg zwischen Ablehnung des Dunklen und dem Versinken darin schaffen, erschließt sie Ihnen Lebenskraft und Einsicht bis in die tiefsten Tiefen der menschlichen Seele. Daraus können Sie eine große Sicherheit entwickeln, nämlich Sicherheit in sich selber, die Ihnen keine äußeren Geschehnisse je wieder nehmen können.

vi. Zu enge Strukturen erschweren die Selbstverwirklichung

Regeln, Grundsätze und Pflichten halten Sie von dem ab, was Sie eigentlich verwirklichen wollen. Gesellschaftliche Normen geben Ihnen tausend Gründe, der inneren Stimme kein Gehör zu schenken. Forderungen bezüglich Leistungen halten Sie davon ab, Ihren persönlichen Weg zu gehen. Mit Verantwortungsübernahme und Struktursetzung übergehen Sie dem Bedürfnis nach Selbstverwirklichung.

XI. Das Bedürfnis nach Veränderung

i. In einem kritischen Zeitgeist geboren

Sie und Ihre Zeitgenossen fordern eine sachliche und kritische Prüfung der Neuerungen. Fällt das Aufwand-Nutzen- Verhältnis positiv aus, braucht es keine weiteren Überzeugungskünste. Andernfalls sind Sie kaum zu Veränderungen bereit.

ii. Experimentierfreude

Sie suchen nach Ausdrucksmöglichkeiten, die nicht der Norm entsprechen. Sie mögen es, wenn Sie sich verwandeln können. Es macht Ihnen Spaß, sich in anderer Aufmachung zu zeigen. Sie haben den Drang, aus dem gewohnten Rahmen zu fallen. Ihre Eigenheiten möchten Sie gleichsam auf der Bühne des Lebens zur Schau stellen. Sie haben einen Schuss Abenteuerblut in den Adern und entscheiden sich aus heiterem Himmel für eine verrückte Sache. Wenn nicht Rücksichten auf gesellschaftliche Normen Sie zurückhalten, sind Sie auch einem Liebesabenteuer nicht abgeneigt. Auch Ihre Vorstellung vom Umgang mit Kindern und Jugendlichen entspricht kaum den üblichen Normen. Sie haben eigene Ideen, wie man Kinder erzieht.

iii. Die Energie eines Vulkans

Man könnte Ihre Kraft und Energie mit einem Volkan vergleichen; sie ist unberechenbar und nur schwer zu kanalisieren. Möglicherweise löst dies Angst aus. Sie zögern dann oft, ganz ins Leben hineinzugehen, und machen sich lieber ein Bild von der Welt, wie sie sein könnte und sollte. Dadurch kann sich eine enorme Spannung in Ihnen aufbauen, die sich durch unerwartete und aufwühlende Erlebnisse entlädt. Wenn es in Ihrer Umgebung so richtig brodelt und die dunklen Seiten des Lebens offensichtlich werden, können Sie leichter einen Zugang zu Ihrer inneren Stärke finden. Fast könnte man sagen, Sie sind dann in Ihrem Element. Ihre Gabe, in Krisen schnell und tatkräftig zu reagieren und diese zu meistern, kommt zum Vorschein. Doch haben Sie grundsätzlich sehr viel Energie, die, verschafft sie sich in einer rohen Form Ausdruck, einiges Porzellan zerbrechen kann. Lernen Sie, damit umzugehen, so können Sie gezielter über diese „Power“ verfügen.

iv. Ablenkung vom eigentlichen Ziel

Ein spontaner Einfall oder ein unvorhergesehenes Ereignis lassen Sie ziemlich schnell Ihren eigentlichen Lebensweg vergessen. Sie lassen sich gerne hier ein bisschen ablenken und verweilen dort ein wenig, um vielleicht nicht das tun zu müssen, was Ihnen eine innere Stimme eingibt. Das Leben ist ein Weg, auf dem viele originelle und außergewöhnliche Dinge Sie aufhalten und eine immer wieder neu aufflammende Unruhe mit sich bringen. Trotz all dieser Ablenkungen sollten Sie sich immer wieder von neuem Ihrer eigentlichen Lebensaufgabe zuwenden.

XII. Die Sehnsucht nach Auflösung und Hingabe

i. Kollektive Idealisierung des Dunklen

Die Stellung deutet auf eine kollektive Tendenz, sich total ins Leben einzulassen, ohne zu wissen, wohin dies führt. Vor allem dunkle Bereiche sind mit seltsamem Zauber belegt, der eine Art Versprechen zurück zum Mutterschoß beinhaltet. Ihre Generation spricht mit besonderer Hingabefähigkeit darauf an.

ii. Feinfühlig in der Arbeit

In Ihrem Alltag sind die Grenzen zwischen Realität und Illusion unklar. Das kann heißen, dass Sie in einem Bereich arbeiten, in dem die Themen Auflösung und Hingabe auf die eine oder andere Art vorhanden sind. Sie können beispielsweise eine Helfertätigkeit ausüben. In Ihrer Arbeit reagieren Sie feinfühlig auf äußere Bedingungen und innere Impulse. Sich an einen geordneten Tagesablauf zu halten, dürfte Ihnen eher schwer fallen. Sie gehen lieber nach Gefühl vor, als sich an klare Regeln zu halten. Konkret könnte sich dies durch ein Chaos auf dem Schreibtisch, vergessene Termine oder verlegte Hausschlüssel zeigen. Das Gemeinsame an all diesen äußerlich verschiedenen Beispielen ist das Formlose, nicht ganz Fassbare und Begreifbare. Schwierig wird der Alltag, wenn der Ordnungssinn überwiegt und Sie jede freie Minute verplanen, denn dann erleben Sie das auflösende Prinzip als lästige Ungewissheit, als Täuschungen im Arbeitsbereich oder in Form von diffusen körperlichen Symptomen. Sie haben die Fähigkeit zur Hingabe an die kleinen Dinge des Alltags. So können Sie sich völlig an den Alltag „verlieren“ und dabei ein Gefühl der Verbundenheit mit einem größeren Ganzen empfinden. Arbeit wird zum Ritual, das Ihnen hilft, über den materiellen Bereich die Türe zum Spirituellen zu öffnen. Auch Ihr Körper reagiert „nicht ganz fassbar“, das heißt, dass Ihr Körper selten ein klar diagnostizierbares Krankheitsbild zeigt, wenn Sie krank werden. Da nicht so sehr ein einzelnes Organ betroffen ist, sondern eher der ganze Körper mit Unwohl-Sein reagiert, sprechen Sie gut auf ganzheitliche und alternative Heilmethoden an.

XIII. Die dunkle Seite

i. Mit Macht von Vernunft und Sachlichkeit

Sie zeichnen sich als Generation aus, welche die Alltagsprobleme handfest anpackt, über eine scharfe Beobachtungsgabe verfügt und analytische Fähigkeiten entwickelt. Die größte Herausforderung dürfte sein, die damit verbundenen Möglichkeiten weder zu missbrauchen noch ihre Grenzen zu missachten – beispielsweise in der Forschung.

ii. Spiel mit totalem Einsatz

„Alles oder nichts!“ heißt Ihr Motto im Bereich Spiel, Spaß, Liebschaften, Risiko und Kreativität. Entweder klammern Sie diese Bereiche aus Ihrem Leben aus oder tun es ganz und machen vor keinem Tabu Halt. Sind Sie im Element, strahlen Sie charismatische Überzeugungskraft aus. Ist das Spiel Ihre Leidenschaft, sollte sich jeder in Acht nehmen, der sich mit Ihnen einlässt. Durch Ihre Kompromisslosigkeit finden Sie Zugang zu sich selbst. Wenn Sie diese tiefschürfenden Wünsche und absoluten Zwänge ängstigen, vermögen Kinder Ihnen einen Zugang zu Identität zu vermitteln.

iii. Das Dunkle als Ablenkung

Bildlich gesprochen sind Sie auf einem Weg, von dem Sie etwas Machtvoll-Faszinierendes und Beängstigendes ablenkt, vergleichbar mit dem Blick einer Schlange. Die dunklen Seiten des Lebens lassen Sie gebannt anhalten. Sie unterliegen der Macht, die Sie sich angeeignet haben und nun nicht loslassen wollen. Sie schwanken zwischen dem Weitergehen und dem Anhalten, um in die Abgründe menschlichen Daseins zu blicken. Generell verweilen Sie zu lange.

XIV. Mondknotenachse – Eine Lebensaufgabe

i. Zwischen Gegensätzen ein Gleichgewicht finden

Sie leben mit dem Gefühl, zu wissen, was richtig ist, ohne es jedoch klar zum Ausdruck bringen zu können. Sie fragen sich zwanghaft bei jeder Information, ob dies die richtige Wahrheit ist. Eine unklare „Erinnerung" wird Sie veranlassen, jedes Fragen und Suchen zu unterlassen. Sie haben den Eindruck, schon alles zu wissen. Manchen mögen Sie für einen Besserwissen halten. Sie neigen dazu, hohe Erwartungen zu stellen und selbst eher auf passive und beschönigende Weise zu reagieren. Zwanghafte Suche nach Harmonie hält sie gefangen. Anstatt nach Anerkennung Ausschau zu halten, sollten Sie Sachlichkeit und Objektivität entwickeln. Indem Sie sich annehmen, wie Sie sind und sich zeigen, ohne gleich zu schauen, ob der andere dies auch gut findet, wächst Ihr Mut. Eine Anlage zu einem Pionier möchte entfaltet werden. Ihre Möglichkeiten zur Selbstverwirklichung liegen mehr im „Alleingang" als in enger Gemeinschaft mit anderen, ohne dass Sie ein Einzelgänger sein und auf Partnerschaft verzichten müssen.

XV. Chiron – Der verwundete Heiler

i. Sensibilität ist ein heikles Thema

Qualitäten wie Sensibilität, Mitgefühl und Eintauchen in eine innere Traum- und Fantasiewelt dürften Sie mit Vorsicht oder Misstrauen gegenübertreten. Vielleicht mussten Sie gerade damit schlechte Erfahrungen machen. Andererseits können diese zum Wundbalsam werden, wenn Sie sich überwinden, sich der inneren Welt zu öffnen.

ii. Verletzlich in Gruppen

Persönliche Freiheit könnte ein heikles Thema für Sie sein. Sie mussten vermutlich in früher Kindheit einige Erlebnisse über sich ergehen lassen, die Sie im Zusammenhang mit Ihrem individuellen Ausdruck empfindlich trafen. Vielleicht erwiesen sich Freundschaften als schwierig. Oder Sie machten verletzende Erfahrungen in Gruppen und fühlten sich fremd und ausgeschlossen. Daraus festigte sich die Einstellung, dass es im kollektiven Zusammenleben schwierig ist, eigene Ideen, Wünsche und Bedürfnisse zu äußern. So kann Ihre Stellung in Gruppen oder im Freundeskreis ein Schwachpunkt in Ihrem Leben sein. Auch der Gesellschaft gegenüber sind Sie möglicherweise kritisch eingestellt, lehnen diese vielleicht weitgehend ab, um dahinter – wenn Sie sehr genau hinschauen – den schmerzhaften Wunsch nach einer positiven Veränderung zu entdecken. Die Tatsache, dass die Freunde, die Gruppe oder die Welt nicht so sind, wie Sie sich diese wünschen, kann Sie zu einem distanzierten Einzelgänger werden lassen. Die Aufforderung an Sie besteht darin, den Schmerz über die Unmöglichkeit einer perfekten Welt zu akzeptieren und von diesem Standpunkt aus im Kleinen zu verändern, was möglich ist. Indem Sie sich selber und andere akzeptieren, so wie sie sind, und sich so weit eingeben, wie es für Sie ertragbar ist, kann sich die positive Seite dieser Schwachstelle entfalten, und Sie können eine große Feinfühligkeit für gruppendynamische Prozesse und kollektive Strömungen entwickeln. Da Sie wissen, was es heißt, in seinem individuellen Selbstausdruck abgelehnt zu werden, unterstützen Sie durch Ihr Verständnis und Vertrauen andere in ihrem individuellen Ausdruck, was sich letztlich auch für Sie als Segen erweist.

iii. Nicht alles zu wissen, schafft Raum für intuitives Denken

Ihr Denken steht sowohl unter kultiviert-rationalen wie auch unter tierisch-instinkthaften Einflüssen. Letzteres mag Sie verunsichern, vor allem wenn sie seine Wirkung in Form von Gedächtnislücken, Verwirrung oder Nicht-verstanden-Werden erleben. Doch wenn Sie die Unmöglichkeit eines absolut rationalen und kontrollierbaren Verstandes anerkennen, so können die intuitiven und instinkthaften Anteile des Denkens ihre positive Seite entfalten und Sie dazu befähigen, den wahren Kern der Dinge intuitiv wahrzunehmen. Da Sie aus eigener Erfahrung wissen dürften, wie schwierig es ist, sich einem anderen Menschen mitzuteilen und von ihm gehört und verstanden zu werden, haben Sie in diesem Bereich ein großes Einfühlungsvermögen für andere und können vermutlich gut zuhören, Fürsprache für andere ergreifen oder Wissen weitervermitteln.

iv. Verletzlichkeit als Basis für eine tiefe Liebe

Sie haben Schwierigkeiten mit der instinkthaften und dunklen Seite von Beziehungen und mit dem Drang nach Harmonie um jeden Preis und Inbesitznahme des andere. Nähe kann verletzen. Sie neigen dazu, sich nahestehenden Personen, die Sie am meisten lieben, unbeabsichtigt von einer dunklen Seite zu zeigen, ihr Vertrauen zu missbrauchen und Ihre Gefühle zu verletzen. Sie stellen Ihren eigenen Wert in Frage und haben Mühe, sich selbst bedingungslos gern zu haben. Damit wird es auch schwierig, anderen Liebe zu schenken. Romantische Vorstellungen, Eifersucht und schmerzhafte Enttäuschungen sind Ihnen nicht fremd. Sie stellen vermutlich fest, dass Sie in Partnerschaft, Freundschaften und geschäftlichen Beziehungen oft Dinge tun, die nicht zu Ihrem Wohl sind. Als Kind mussten Sie vieles über sich ergehen lassen, das zu Ihrem Schaden war. Sie mussten Dinge essen, die Ihnen nicht bekamen, Zuwendung und Nähe war mit schmerzhaften Erfahrungen verbunden, beispielsweise, indem Sie sich zwischen geliebten Bezugspersonen entscheiden mussten. Vielleicht hatten Sie auch oft das Gefühl, minderwertig zu sein. So wie Rosen Dornen haben, ist Liebe in Ihrem Erleben mit Schmerz verbunden. Sie sind aufgefordert, sich vor unnötigen emotionalen Verstrickungen zu schützen und andere nicht um jeden Preis besitzen zu wollen.

v. Schwächen der eigenen Handlungsunfähigkeit annehmen

Durchsetzung, Wettkampf und Verteidigung haben einen ungewöhnlichen Stellewert für Sie. Sie neigen dazu, das Leben als Kampf zu betrachten, in dem jeder Mitmensch zum Gegner wird. Sie brauchen Sport, um sich „abzureagieren“. Sie ziehen sich wie in einen Schützengraben auf Verteidigungshaltung zurück. In Ihrem Umfeld finden sich viele rücksichtslose oder aggressive Typen ein. Sie fühlen sich schnell angegriffen und werden es auch tatsächlich. Ob mit Rückzug oder Vorstoß, in jedem Fall reagieren Sie empfindlich auf die Tatkraft anderer.

vi. Schwächen liebevoll annehmen

Eine innere Instanz kritisiert Sie mit erhobenem Zeigefinger in der Haltung eines überstrengen und autoritären Patriarchen für Ihr Handeln, Sprechen und Denken. Was auch immer Sie tun, es ist dem inneren Kritiker kaum je perfekt genug oder richtig angebracht. Solche inneren Zurechtweisungen wirken auf Dauer sehr verletzend auf Selbstwertgefühl und innere Sicherheit. So neigen Sie dazu, sich an äußere Strukturen zu halten und nach außen eine Maske von Kompetenz, Autorität und emotionaler Unabhängigkeit aufzusetzen. Tief im Herzen ist der Schmerz über die eigene Unsicherheit kaum zum Schweigen zu bringen. Eine Möglichkeit, fehlende innere Strukturen durch äußere zu ersetzen, bietet die Projektion. In dem Fall gibt es in Ihrem Leben auffallend viele Autoritätspersonen, Vorgesetzte, Partner oder Vertreter von Staat und Gesellschaft, die sich das Recht herausnehmen, Ihnen Richtlinien vorzugeben, letztlich jedoch unzuverlässig oder allzu rigide sind. Auf diese Weise findet Ihr innerer Kritiker in der Außenwelt die „Schuldigen“. Ob Sie sich selber zum Schuldigen verurteilen oder ob andere Menschen, ein böses Schicksal, eine Krankheit oder Pech und Unglück herhalten müssen, Sie kommen nicht aus dem Teufelskreis von Kontrolle, Pessimismus und Schuldzuweisung heraus und verletzen sich und andere immer wieder von neuem. Es gilt, die unperfekte Welt der Formen anzunehmen und zu akzeptieren, dass die Realität nie ohne Fehl und Tadel sein wird. Es gilt, sich Ihrer Unsicherheit zu stellen und Ihrer Neigung, sich und andere für Dinge zu verurteilen, die nun mal typisch menschlich sind.

vii. Getrenntsein akzeptieren

Vielleicht fühlen Sie sich manchmal eins mit allem, was ist, und kurze Zeit darauf werden Sie mit der harten Realität konfrontiert, und es mag Ihnen scheinen, als hätte man Sie aus dem Paradies geworfen. Intuitiv wissen Sie um eine bessere Welt, in der nur Liebe und Einheit herrschen, und es mag Sie manchmal schmerzen, dass die Realität so anders aussieht. Doch es gilt, diese Unterschiede zu akzeptieren und sich zum Beispiel nicht einfach mittels einer lebhaften Fantasie oder Suchtmitteln in eine schöne innere Welt zu entziehen, sondern der inneren Vision von einer allumfassenden Liebe eine Form zu geben und anderen Menschen ihre heilende Wirkung zu vermitteln. Es gibt zwar kein Zurück ins verlorene Paradies, doch wenn Sie die unerfüllbare Sehnsucht in sich annehmen, können Sie für andere zu einem heilsamen Wegweiser in spirituelle Bereiche werden.

viii. Mit dem Dunklen Freundschaft schließen

Wie das Licht auf den Nachtfalter, so wirken aufwühlende Situationen, in denen Macht, Manipulation, Leidenschaft, Sexualität oder Tod eine große Rolle spielen, anziehend und prägen immer wieder Ihr Leben, ohne dass Sie dies vielleicht beabsichtigen. Macht ist möglicherweise etwas, das Sie von Kind an mit großer Selbstverständlichkeit beanspruchen. Ihre Mitmenschen mögen, um sich zu schützen, mit Rückzug auf Manipulationen Ihrerseits reagieren und Ihnen so schmerzlich die destruktive Seite des Machtthemas vor Augen halten. Ähnlich können zu viel Leidenschaft oder zu starke grüblerische Tendenzen negative Resultate bringen. Oder Sie mussten als Kind Macht in der Position des Unterlegenen erfahren, beispielsweise indem Sie bloßgestellt wurden oder der Willkür anderer schutzlos ausgesetzt waren, und Sie so auch heute noch empfindlich auf jeden Machtanspruch reagieren. Da Sie Ihre eigene dunkle Seite gut kennen, versuchen Sie vermutlich, sich unter Kontrolle zu behalten, und meiden Situationen, in denen Sie allzu Persönliches von sich preisgeben müssten. Dieser instinkthafte, dunkle Teil überrollt Ihre Kontrolle und richtet so eine emotionale oder konkrete Katastrophe in Ihrem Leben an. Wenn Sie diese Seite ablehnen, dürften Sie gehäuft in der Außenwelt auf entsprechende Situationen treffen, zum Beispiel mit Gewalt und Tod, sexuellem oder emotionalem Missbrauch oder anderweitigen Übergriffen als Zuschauer oder sogar als Opfer konfrontiert werden. Auch Vorgesetzte oder Partner eignen sich vorzüglich für die Übernahme der Machtrolle und lassen Sie an Ihren Fäden tanzen.

XVI. Lilith – Die weibliche Kraft der Seele

i. Ein zurückhaltend-melancholischer Zug

Leben ist Zyklus. Aufbau wechselt mit Abbau, Werden mit Vergehen. Kommen Sie mit diesem ewigen Kreislauf in Berührung, könnte man Ihre Reaktion darauf als fast aristokratisch bezeichnen. Wenn Sie schon loslassen müssen, dann mit Würde. Sie geben der zurückhaltend-melancholischen Seite Ihres Charakters viel Gewicht und sehen die Dinge in einem eher düsteren Licht. Dies gibt Ihnen kompromisslose und messerscharfe Klarheit. Jedes Ding hat seine Zeit. Unter diesem Motto bauen Sie etwas auf, bringen es zur Blüte und lassen es wieder los. Auch wenn der Abschied schmerzt, ist er notwendig, um auf dem Weg weitergehen zu können.

ii. Ein leidenschaftliches Bedürfnis nach Idealen

Weltbild, Glaube, Gerechtigkeit und Ansehen sind Themen, die Sie zutiefst aufrütteln. Ein innerer Dämon veranlasst Sie, ein Glaubenssystem zu hinterfragen und bis auf den Grund zu erforschen, bevor Sie es übernehmen. Sie lehnen vermutlich jede dogmatische Anschauung ab. Dies bedeutet jedoch nicht, dass Ihr persönliches Weltbild keine dogmatischen Züge aufweist. Vor allem über dunklere Aspekte sind Sie geneigt, andere von Ihren Vorstellungen überzeugen zu wollen. Sie sind eine Suchernatur. Ihre „Wahrheit“ entpuppt sich als Illusion und bricht schließlich wie ein Kartenhaus zusammen. Frauen, die nach weiten Horizonten suchen, sich Ideale schaffen und diese wieder verwerfen, dürften Sie besonders faszinieren.

iii. Das Bild der Mutter

Was bedeutet „Mutter“ für Sie? War Ihre Mutter eine starke Mutterpersönlichkeit oder fühlen Sie sich von entsprechenden Frauen angesprochen? Ein Teil Ihrer Seele ist wie ein kleines Kind, das nach der Mutter ruft. So sind Sie in der Rolle des Sohnes verhaftet, der nach der Mutter verlangt. In Ihren eigenen Tiefen finden Sie eine unerschöpfliche, weibliche Urkraft. Ihr Leben wird zu einem Zyklus von Innenschau und Rückkehr in die Außenwelt.

iv. Eine Brücke zwischen Intellekt und Gefühlstiefe

Sprache und Denken sind gefärbt vom Unergründlichen, der Unbestechlichkeit und dem Absolutheitsanspruch. Vielleicht vermitteln Sie durch Schweigen, was Sie durch Worte nicht ausdrücken können, oder kommunizieren mit Körpersprache, Malen, Musik oder anderen nicht verbalen Medien. Vielleicht versuchen Sie, das, was Sie sprachlos werden lässt, in eine schriftliche Form zu bringen. Oder Sie nehmen Humor oder Ironie zu Hilfe, um das Paradoxe des Lebens und der eigenen Gefühle und Fantasien in Worte zu kleiden. Verstand ohne Gefühl kann schneidend scharf und zerstörerisch sein. Sind die Worte beseelt, so werden sie menschlicher. Sie sind aufgefordert, eine Brücke zwischen Intellekt und Gefühlstiefe zu bauen.

v. Gefühlstiefe gepaart mit Durchsetzungskraft

Frauen sind stark, durchsetzungsfähig und unabhängig. Diese oder eine ähnliche Einstellung dürfte den Beziehungen zum anderen Geschlecht einen komplexen und paradoxen Anstrich geben. Bewunderung, gemischt mit Angst, von Gefühlen überrannt zu werden, mögen Sie zu einer kämpferischen Haltung veranlassen. Die ideale Ausdrucksweise wäre Gefühlstiefe, gepaart mit einem starken Willen. Ihr Tun wird nicht nur vom Ego und Verstand gesteuert, sondern von einer inneren Instanz, die man als Intuition oder innere Stimme bezeichnen könnte. Jede Aktivität mag eine Zeitlang richtig sein, doch einmal hat sie sich totgelaufen. Je besser Sie mit Ihrem Seelengrund in Verbindung stehen, desto deutlicher spüren Sie, wenn es an der Zeit ist, eine gewohnte und vielleicht lieb gewordene Tätigkeit oder Handlungsweise aufzugeben und Raum für Neues zu schaffen. Das Ego neigt dabei oft zum Festhalten, was eine schmerzliche Zerreißprobe nach sich ziehen kann. Lassen Sie sich auf den zyklischen Ablauf Ihres Tuns ein, nehmen Sie Neues in Angriff und lassen Sie es wieder los, wenn die Zeit dazu gekommen ist. Ihre Energie kommt in diesem Auf und Ab erst so richtig in Fluss.

Printed by Books on Demand GmbH, Norderstedt / Germany